LE
CHATELET D'ORLÉANS

AU XVᵉ SIÈCLE

ET LA

LIBRAIRIE DE CHARLES D'ORLÉANS EN 1455

PAR

L. JARRY

MEMBRE DE LA SOCIÉTÉ ARCHÉOLOGIQUE DE L'ORLÉANAIS

ORLÉANS

H. HERLUISON, LIBRAIRE-ÉDITEUR

17, RUE JEANNE-D'ARC, 17

1873

LE
CHATELET D'ORLÉANS

AU XVᵉ SIÈCLE

ET LA

LIBRAIRIE DE CHARLES D'ORLÉANS

EN 1455

(Extrait du tome XII des Mémoires de la Société archéologique de l'Orléanais.)

ORLÉANS, IMPRIMERIE DE GEORGES JACOB, CLOIT... SAINT-ÉTIENNE, 4.

LE
CHATELET D'ORLÉANS

AU XVᵉ SIÈCLE

ET LA

LIBRAIRIE DE CHARLES D'ORLÉANS EN 1455

PAR

L. JARRY

MEMBRE DE LA SOCIÉTÉ ARCHÉOLOGIQUE DE L'ORLÉANAIS

———

ORLÉANS

H. HERLUISON, LIBRAIRE-ÉDITEUR

17, RUE JEANNE-D'ARC, 17

—

1873

LE
CHATELET D'ORLÉANS

AU XVᵉ SIÈCLE

ET LA

LIBRAIRIE DE CHARLES D'ORLÉANS EN 1455

I

DESCRIPTION DU CHATELET AU XVᵉ SIÈCLE.

Sous les descendants de Clovis, Orléans fut la capitale d'un royaume, titre qu'elle perd bientôt pour devenir la seconde ville de France, le chef-lieu d'une vaste province des plus dévouées à l'autorité du souverain. Nos rois, dont plusieurs reçurent l'onction sacrée à Orléans, tenaient à honneur d'y faire leur joyeuse et solennelle entrée dès leur élévation au trône. Les habitants les recevaient dans une pompeuse cérémonie dont nous avons entrepris de raconter à quelque jour les plus curieux détails. La première résidence des rois à Orléans était, jusqu'au règne de Lous XI, le Châtelet. Il fut construit sur les débris d'une ancienne forteresse romaine, importante par sa position stratégique, puisqu'elle commandait à la fois la route de Paris, le cours de la Loire et le pont, qui faisait communiquer le nord et le midi de la France. Le Châtelet s'agrandit successivement, au point d'occuper bientôt un espace de terrain considérable. Au XIVe siècle, l'Orléanais ayant été érigé en duché pour constituer un apanage aux puînés de la famille royale, le Châtelet devint le palais des ducs d'Orléans, après avoir été la demeure des rois. Nous allons l'étudier à cette époque. Sans essayer de le restituer entièrement, tâche impossible pour un monument remanié bien des fois et détruit depuis longtemps, à l'aide de pièces d'archives, telles que devis de réparations, mémoires, mandements et quittances d'ouvriers, on peut arriver à reconnaître ses principales dispositions, et suppléer, de la sorte, au silence presque absolu de nos vieux historiens.

Les bâtiments du Châtelet s'élevaient sur un emplacement circonscrit entre la Loire, la rue au Lin, la place du Pilori, actuellement Marché-à-la-Volaille, la rue Saint-Jacques, et les anciens murs de la première enceinte. On peut même croire que l'espace compris entre ces murs et la rue Sainte-Catherine, depuis l'ancien pont jusqu'au coin Saint-Jacques, dépendait du Châtelet, puisque nous avons trouvé la trace de l'aliénation, consentie par le domaine, d'une maison construite sur cet emplacement. Les deux tours et le portail de l'ancien pont en faisaient également partie.

La cour intérieure s'appelait la Cour-le-Roi. Elle servait originairement de limite, avec la rue au Lin et la place du Pilori (1), au jardin du Châtelet. Presque à l'extrémité nord de ce jardin, une chapelle royale, dédiée à Saint-Étienne, avait été construite au XIIe siècle. Louis VII étant

____

(1) Le pilori fut démoli en 1564 et reconstruit sur la place du Martroi. (Archives municipales, comptes de clôture.)

à Orléans en 1167, en fit présent à l'abbaye de Saint-Eu-
verte pour augmenter les revenus de la grande chapelle
royale de Saint-Hilaire, prieuré-cure de l'abbaye (1). La
chapelle Saint-Étienne, placée ensuite sous le patronage
de saint Louis, est confondue à tort, par quelques auteurs,
avec la chapelle Saint-Vincent, dont nous parlerons plus
loin. Abandonnée aux Augustins pendant les guerres de
religion, elle fut démolie presque complètement en 1758,
parce qu'elle menaçait ruine (2). On peut cependant voir
encore son pignon oriental sur la rue au Lin, près d'une
petite tourelle engagée entre deux maisons, qui faisait au-
trefois partie du Châtelet. Sur la place du Pilori, et près
de la chapelle Saint-Louis, se dressait le portail du Châtelet, couvert d'une tour carrée assez massive, donnant
entrée dans la Cour-le-Roi. Au lieu de cette tour, le duc
d'Orléans construisit, en 1732, une haute porte dans le goût
du temps. Ses deux jambages forment encore l'entrée de
la rue du Châtelet, ouverte au siècle dernier pour relier
le marché au quai (3) ; la rue du Châtelet traverse l'ancien emplacement de la grande salle. Entre le portail et
la grande salle, au XVᵉ siècle, la Cour-le-Roi était bornée
à l'est par les communs, la cuisine, le puits, des étables.

Au fond de la Cour-le-Roi, sur le bord de la Loire, se
dressait le Châtelet, long bâtiment en forme de parallélo-
gramme, élevé de deux étages (4). On y pénétrait par un

(1) *Gallia christ.*, t. VIII, instrum., col. 520.
(2) Archives départementales.
(3) Il y avait deux autres entrées au Châtelet : l'une du côté de la
rue au Lin, vers une place appelée la Cour feu Giles de Blois, où se
trouvaient les magasins pour la réparation des bâtiments domaniaux ;
l'autre porte s'ouvrait sous le portail du pont. Il en est question au
moment du séjour de Charles VII pour la tenue des États, en 1439.
(Arch. départ.)
(4) Lorsque le Châtelet devint le siége des nombreuses juridictions

escalier extérieur à double perron en retour d'équerre,
donnant entrée dans la grande salle, appelée simplement
la *salle* (1), où était, en 1408, le siége du gouverneur du
duché (2). La salle communiquait, par la porte du fond,
à droite, avec la *salle à parer du duc*, vaste chambre
éclairée de plusieurs fenêtres sur la Cour-le-Roi (3). A l'extrémité de la salle à parer, du côté de l'eau, s'élevait en
saillie, le long du principal bâtiment, une petite construction carrée qui contenait ce que le moyen âge nomme les
chambres aisées. La chambre aisée, ou retrait du duc (4),
aboutissait, nous le répétons, d'un côté à la salle à parer,
et de l'autre, par un passage, à la tour du bord de l'eau,
où fut transportée la chambre des comptes en 1434 (5). C'est
dans le retrait du duc, appelé, par sa proximité avec la
salle à parer, à une plus noble destination, que fut installée, en 1455, la librairie de Charles d'Orléans, ainsi
que nous le dirons bientôt.

La tour du bord de l'eau pouvait être d'origine romaine
au même titre que les vieux murs de la première enceinte,
qui aboutissaient à cette tour dans son axe même, d'après
le plan de Fleury, déposé à la bibliothèque d'Orléans. Cette
tour, contiguë d'un côté au retrait et à la salle à parer,
figure, sur le plan de l'ingénieur Normand, comme en-

de la ville et du duché, état qui persista presque jusqu'en 1789, de nou-
velles constructions appuyées sur le pignon oriental du Châtelet pro-
longèrent ce bâtiment jusqu'à la rue au Lin, ainsi qu'on peut le voir
sur le plan dressé en 1782 par l'ingénieur Normand. (Bibliothèque
d'Orléans.) — Pl. I.

(1) La description de cette salle est dans Le Maire, éd. de 1648,
pp. 235 et 236. — Pl. I, n° 1.

(2) *Bibliothèque de l'École des chartes*, 2ᵉ série, vol. IV, p. 469.

(3) Pl. I, n° 2.

(4) Frais de maçonnerie (1431). Frais de charpenterie (1448). (Arch.
départ.) — Pl. I, n° 3.

(5) Pl. I, n° 4.

gagée au nord dans une grande chambre carrée située entre la salle à parer et le mur du portail du pont. La construction de cette chambre doit être postérieure au XV⁰ siècle; telle n'était pas alors la disposition de cette partie du Châtelet. Il est bien question, en 1438, d'une chambre neuve ouvrant sur le pont d'Orléans; mais cette chambre ne communiquait pas directement avec la salle à parer. En effet, un compte de maçonnerie nous apprend qu'en 1451 on fit un petit carré pour aller au retrait du duc, et qu'on éleva, « en la rue derrière Saint-Vincent, un appentis contenant trois pans de bois de la hauteur des chambres de Monseigneur le duc (1). » D'autres documents nous font connaître dès 1425 l'existence, près de la chapelle, de deux chambres appelées *chambre de la tapisserie* et *chambre des orties* (2). Cette dernière empruntait son nom à sa décoration. Nous verrons plus loin que le duc Charles avait choisi l'ortie pour l'un de ses emblêmes. On fit encore, en 1451, « une huisserie neuve pour aller de la chambre de Monseigneur en sa chapelle. » Nous pensons qu'une des fenêtres qui éclairaient la salle à parer sur la Cour-le-Roi fut alors convertie en porte ouvrant sur une galerie construite au-dessus des étables. Il résulte, en effet, de divers documents, que les étables se trouvant sous la salle à parer, « à côté du degré par où l'on monte à la chappelle, » le duc pouvait aller de plein pied, par la galerie de sa chambre, à la chapelle.

C'est bien la chapelle particulière du duc, ou chapelle Saint-Vincent, dont il est ici question ; et l'on aurait tort, on le voit, de la confondre avec la chapelle Saint-Loui qui s'élevait dans le jardin du Châtelet, à l'autre extré-

(1) Réparations au Châtelet (1451). (Arch. départ.)
(2) « Noe entre la chappelle et la chambre des Orties. » Frais de couvertures (1425).

mité, en diagonale, de la Cour-le-Roi. La construction de la chapelle Saint-Vincent remontait à une époque assez éloignée. Le roi saint Louis, par une charte du mois de mai 1238, donnée au château de Lorris, constitue au prieur de Saint-Hilaire une rente de 60 sous parisis sur la prévôté d'Orléans, pour reconnaître l'abandon d'une voûte située sous la chapelle royale de Saint-Vincent, et d'une maison bâtie auprès, le tout dépendant du prieuré de Saint-Hilaire (1). Au XIVe siècle, une messe était célébrée tous les jours dans la chapelle Saint-Vincent par ce prieur.

La rue derrière Saint-Vincent, mentionnée plus haut, était sûrement un passage conduisant de la Cour-le-Roi dans la rue des Hôtelleries, à l'extrémité du portail du pont. Ce portail, qui défendait l'entrée de la ville, était lui-même protégé par deux petites tours. Nous en connaissons une, la tour du bord de l'eau, appelée aussi tour du bout du pont ; l'autre se nommait la *tour du plomb* ou *tour plombée*, à cause d'une terrasse en plomb qui garnissait son dernier plancher (2). Au-dessus du portail était une chambre, dépendant aussi du Châtelet, où logeait en 1425 le gouverneur, et le duc d'Angoulême en 1448 (3). La chambre de la duchesse était au second étage, à côté de la tour du bord de l'eau, immédiatement au-dessus de la salle à parer du duc (4). Outre leurs grands appartements, le duc et la duchesse avaient chacun une autre chambre.

(1) Vidimus d'Alain du Bey, garde de la prévôté d'Orléans, 26 janvier 1427/8. (Arch. départ.)

(2) En 1448, Jehan Pelerin, verrier d'Orléans, emploie pour refaire cette terrasse 500 livres de plomb et 40 livres de soudure. (Arch. dép., réparations au Châtelet, quittances d'ouvriers.)

(3) Mémoires d'ouvriers (1425, 1448). (Arch. départ.)

(4) Compte de maçonnerie (1443). (Arch. départ.)

Derrière la chapelle Saint-Vincent, le long des anciens murs de ville, s'élevait l'hôtel de la Conciergerie, ou prison (1). Ces prisons, ayant été brûlées le 9 décembre 1573, furent reconstruites de 1574 à 1576 hors l'enceinte du Châtelet, entre l'hôtel de la Prévôté, la rue Saint-Jacques et les anciens murs, devant la porte romaine. L'ancienne prison était dans une tour (2), où se trouvait aussi « la chambre des bourgois (3). » C'était là, et non pas, comme dit Le Maire, « en une chambre du Chastelet, respondante sur la rue au Lin, » que s'assemblaient primitivement les procureurs de la ville pour gérer les affaires communes (4). L'endroit était singulièrement choisi, nous devons le reconnaître. Les délibérations devaient se ressentir, à l'apparence, du voisinage un peu rapproché des officiers royaux ; et l'appareil de la justice, constamment exposé sous leurs yeux, pouvait exercer sur les timides une redoutable influence. Néanmoins les représentants de la cité n'hésitaient pas, même aux risques de leur sécurité personnelle, à maintenir la libre jouissance des franchises municipales. En diverses circons-

(1) « Noe entre la chapelle Saint-Vincent et la Conciergerie. » Réparations de couvertures (1435). (Arch. départ.)

(2) Réparations du pavage de la Chambre des bourgois en l'hôtel de la prison (1420). (Arch. départ.)

(3) Devis des ouvrages de charpenterie pour les réparations après le siége (29 août 1429). (Arch. départ.)

(4) Cet état de choses n'existait plus au XVe siècle. Dès 1391, il semble ressortir des comptes de P. de Saint-Mesmin que le modeste mobilier de la Chambre des bourgeois fut transporté à Saint-Samson. Aux premières années du siècle suivant, on voit continuellement les procureurs de la ville louer du prieur de Saint-Samson une chambre « pour converser. » Puis la ville prit à bail, vers 1430, l'hôtel des Créneaux, voisin de cette chambre, et en devint propriétaire en 1443. L'administration de la cité y demeura jusqu'à l'époque où elle se transporta dans l'hôtel Groslot.

tances, ils déployèrent pour la défense de nos priviléges un courage civil dont nos archives conservent à jamais le glorieux souvenir.

Pour en finir avec cette description trop longue à notre gré, l'hôtel de la recette du domaine s'étendait depuis la Conciergerie jusqu'au mur de clôture du Châtelet sur la rue Saint-Jacques. Dans cette rue s'ouvrait, au chevet de la chapelle Saint-Jacques, pour conduire de la rue Sainte-Catherine au Châtelet et à la place du Pilori, une poterne ménagée dans les anciens murs de ville. Elle est indiquée sur le plan de Fleury comme ayant été détruite en 1560.

En dehors du Châtelet, et tout autour de la place du Pilori, s'élevaient et se pressaient Saint-Hilaire, où se chantait tous les jours pour la ville la messe « a leure des portes ouvrans, » la halle au lin, la halle aux tanneurs, la halle aux frappiers et aux bureliers, la halle aux cordonniers, les étaux des merciers, les étaux des changeurs, la boucherie, la poissonnerie ; là aboutissaient les rues empruntant leurs noms aux différents métiers qui s'y pratiquaient. Le commerce et l'industrie, les administrations, la justice, tout affluait à cette place. Ce quartier, presque désert maintenant à certaines heures de la journée, était jadis le vrai centre de population, la *cité,* nom que lui donnent divers documents, par opposition avec la *ville,* qui s'étendait au-delà.

II

LA LIBRAIRIE DE CHARLES D'ORLÉANS AU CHATELET.

Il nous faut rappeler l'attention sur la tourelle du Châtelet appelée la tourelle du bord de l'eau (1), et mentionner une nouvelle destination qu'elle reçut sous l'administration de Charles d'Orléans.

La France presque entière était aux mains des Anglais lorsque leur roi Henri V entra dans Paris (1420). C'est probablement à cette époque que les officiers du duc Charles se retirèrent au chef-lieu de son apanage avec sa Chambre des comptes, à laquelle était réunie celle du comte de Vertus, son frère. Toujours est-il que de 1423 à 1433, la Chambre des comptes du duché se tenait au cloître Sainte-Croix (2), dans la grande salle de l'hôtel de Jean Day, chanoine de Paris et d'Orléans, l'un des auditeurs de ces comptes. Les quittances données par Jean Day jusqu'en 1433, année de sa mort, ne permettent pas d'en douter (3). A cette époque, les maîtres des comptes, mis peut-être en demeure de quitter l'hôtel après la mort de son propriétaire, vinrent s'établir au Châtelet. Nos archives départementales possèdent en effet un mémoire original de l'année 1434, qui commence ainsi : « Cy ensuivent les parties qui ont este paiees... pour le remuement des pappiers et registres de la Chambre des comptes de

(1) Pl. I, n° 4.

(2) On croit généralement que c'est la maison située cloître Sainte-Croix, n° 2.

(3) Inventaire des titres du Trésor des finances, p. 6. (Arch. départ.)

Monseigneur le duc d'Orleans, a present estant ou portail de l'ostel de mondit seigneur, a Orleans. » La suite du document indique que les comptes furent mis au second étage, et donne la quantité et le prix des étoffes de « vert gay et blanchet » nécessaires pour couvrir le bureau et le « comptoer » de ladite chambre. L'installation définitive se fit longtemps attendre ; et c'est seulement en 1448 que nous voyons des « charpentiers en menurie, » autrement dits menuisiers, recevoir 51 sols 4 deniers parisis « pour façon de trois manieres d'aumoyres enfonsees en la tour ou est de present la Chambre des comptes de Monseigneur a Orleans, pour mettre les comptes et lettres de Monseigneur (1). » La Chambre des comptes était donc, d'après ces documents, au second étage de la tour du bout du pont. Du Châtelet, la Chambre des comptes fut plus tard transférée à Blois, et supprimée en 1774 ou 1775. Quant aux titres du duché, ils restèrent enfermés au Châtelet, « dans un cabinet voûté qui a deux croisées sur la rivière et la porte d'entrée en la chambre où se tient la jurisdiction du bureau des finances (2). » Une pareille désignation autoriserait à croire qu'ils furent installés dans l'ancienne librairie du duc Charles. Cet état de choses dura jusqu'à la construction de la Chancellerie des ducs, sur la place du Martroi, de 1754 à 1757. Les titres apportés dans ce nouveau dépôt prirent le nom d'*Archives du duché d'Orléans ;* ceux qui restèrent au Châtelet formèrent les *Archives du Châtelet d'Orléans.*

L'établissement de la Chambre des comptes dans la tour du bord de l'eau précéda de quelques années seulement

---

(1) Devis et quittances d'œuvres de charpenterie (1448-1449). (Arch. départ.)

(2) Inventaire du Trésor des finances, p. 1. (Arch. départ.)

celui de la librairie dars la chambre du retrait du duc (1), qui s'opéra en 1455. Le retrait fut d'abord transporté dans une baie pratiquée au pied de ladite tour, où il fut enfermé dans une chambre de bois de deux toises de haut sur deux toises de long ; puis on appropria la salle vide à sa nouvelle destination. Deux documents, trouvés aux archives départementales, nous renseignent sur ce fait curieux. Le premier est un compte de maçonnerie qui concerne la *librairie* seule. En voici la copie littérale :

« A honnorable homme et saige maistre Denis Berthelin, secretaire de monseigneur le duc et receveur du demaine de son duche d'Orleans, Pierre Chauvin, macon, maistre des euvres de maconnerie de monditseigneur le duc oudit duchie, salut. Savoir vous fais que Robin Francart, macon, demorant a Orleans, a fait, parfait et acompli de sondit mestier, depuis ung mois enca, bien et convenablement, les euvres cy apres declairees en la librairie nouvellement faicte en lostel de monditseigneur a Orleans. C'est assavoir, a fait de neuf une cheminee en maniere d'un chauffepie, une fenestre de pierre de taille et colombe ou millieu ; a parescheve de voster la voste d'icelle librairie ; a estoppe et remaconne la bee d'un huys par ou l'on souloit aler aux retraiz qui y souloient estre ; a enduit de chaux et sablon touz les murs et vostes d'icelle librairie et voste. Et a, ledit Robin Focart (*sic*), baille et livre pierres de taille, chaux et chantille, et toutes matieres qu'il a convenu a faire icelle besoingne ; dont il doit avoir pour paines d'ouvriers et matieres, par marche a lui fait en tasche, comme pour le plus pouffitable de monditseigneur, en la presence de vous receveur, le maistre des euvres de charpenterie dudit seigneur, et autres gens et officiers d'icelluj seigneur, la somme de dix-huit livres parisis. Pour ce. xviij l. p.

« Item, oultre ledit marche, Berthier Tonneau, mareschal d'Orleans, a baille et livre de son fair (*sic*), ung grant barreau de fer de six piez de long ou environ, pesant seize livres et demie, mis et assiz sur les deux sommiers, derrier les claveaux

(1) Pl. I, n° 3.

d'icelle cheminee, pour cause que iceulx sommiers ont grant saillie pour iceulx sommiers garder de ouvrir ; dont il doit avoir au pris pour par chacune livre, huit deniers parisis la livre, valent. . . . . xj s. p.

« Somme des parties dessus dites, dix-huit livres unze solz parisis ; laquelle somme vous, receveur de ladite recepte, estes tenu paier des deniers de monditseigneur le duc, de votre dicte recepte, ausdiz Robin Francart et Berthier Tonneau, a chacun sa porcion, parmi ce que je vous certiffie les choses dessus dictes estre vrays, faictes et parfaictes, baillees et livrees bien deuement et convenablement. En tesmoing de ce j'ay seelle ceste presente certiffication de mon seel, duquel je use et ay acoustume de user en faisant et exerceant mondit office, le xvij⁰ jour de may l'an mil cccc cinquante et cinq (1). »

Le second document est un mandement, à la date du 4 mars 1455 (v. s.), envoyé au receveur des domaines par Richart Fée, maître des œuvres de charpenterie du duc au duché d'Orléans. Cette pièce a subi quelques mutilations par l'injure du temps. Comme elle contient, du reste, le détail de diverses réparations étrangères à notre sujet, nous en extrairons seulement les passages qui intéressent directement la nouvelle librairie :

« ... Estienne Troasillon, serr[euzier] d'Orleans, a fait, baille et livre de son fer, en l'ostel de monditseigneur le duc a Orleans, ou mois de septembre mⁱⁱⁱᶜ cinquante-cinq, ce qui s'ensuit. C'est assavoir, a fait et ferre de son fer une grans aulmoires faictes de neuf ou retrait de monditseigneur a Orleans ; et y a fait deux serreures garnies chacune de deux clefs. Item a fait, baille et livre de son fer la ferreure d'une petite chambre de bois au comptouer fait de neuf, garnie de paumelles... Item a fait la ferreure de son fer et ferre un dressouer oudit comptouer garni de serreures a deux clefs...

(1) Mandement original sur parchemin ; le sceau manque. Au dos est la quittance. (Arch. départ.)

« Item a faicte la ferreure, mise et assise, de luys fait en la cloison faicte de neuf on retrait dudit hostel de monseigneur le duc, et y a mis pattes, tirouers et loquetes...

« Item Jehan Troasillon a fait, baille et livre de son fer, la pentheuze et une serreure a deux clefs d'unes grans aulmoires estant en la librarie faicte de neuf en l'hostel de monditseigneur le duc a Orleans, et fait la pentheuze de deux chassis... garniz de bandes, de verroilz et de quatre verges de fer...

« Item Jehan Jaquet le jeune, charpentier en menurezie d'Orleans, a fait une chambre enchassillee dedans et dehors, à cinq pans de bois portans tirangle en tous sens, et le pan de devant taille, ainsi que monditseigneur le duc l'a ordenne, et en icellui pan a faiz ung huis enchassille et taille comme dessus. Et est icelle chambre pour mettre la chaise de retrait de monditseigneur ; et est assise en ladite chambre en une grant bee de maconnerie en la muraille de la tour, dedans la librairie, faicte de neuf...

« Item ledit Jehan Pain a fait de son bois une cloison de bois garnie d'une huisserie, autant plaine que wide, de deux toises de long et de deux toises de hault, mise et assise ou retrait, fait de neuf, en l'ostel de monditseigneur et par son ordonnance...

« Item ledit Germain Fee, charpentier en menurerie, a fait de son bois ung dressouer portant cymoise et mosleuze a ance de panier, mis ou retrait (1)... »

Au moyen de ces deux documents, heureusement échappés à une destruction qui a dû en atteindre tant d'autres, on peut se faire une idée du local destiné à recevoir la riche bibliothèque du prince-poète. La salle était petite à la vérité, et quelques meubles suffisaient pour contenir cette bibliothèque, qui passait cependant pour l'une des plus

______

(1) Original sur parchemin, en mauvais état, fragment de sceau en cire rouge. — Réparations au Châtelet et aux bâtiments du domaine. (Arch. départ.)

considérables au XVe siècle (1). Mais on ne doit pas s'étonner de voir qualifier de riche une réunion de moins de deux cents volumes, si l'on réfléchit que l'admirable découverte de l'imprimerie n'était pas encore sortie de ses langes. On ne connaissait encore que les manuscrits. A cette époque, où le goût français, en dépit des dissensions civiles et des guerres acharnées, prenait un développement si rapide, toutes les recherches d'un luxe véritablement raffiné se portaient, de préférence, vers l'objet le plus à la mode parmi les grands seigneurs, le livre. C'est en lui que se résument, pour ainsi dire, toutes les branches de l'art.

Après qu'un scribe habile avait recouvert d'une élégante écriture les feuillets d'un fin vélin, le manuscrit passait dans les mains de l'enlumineur, pour être enrichi de lettres ornées et de bordures, qui relevaient par leurs vives couleurs la régularité du texte. Puis le peintre s'en emparait, et, sur des feuilles choisies avec le plus grand soin, traçait d'un pinceau délicat de véritables petits tableaux. Le libraire liait ensuite les différents cahiers de manière à ne pas froisser les peintures, et protégeait le volume par des ais légers recouverts de maroquin, de cuir gaufré ; ou bien il était revêtu des étoffes les plus précieuses : la soie, le cendal, le velours, le drap d'or et d'argent. La brodeuse y ajustait des tirants de soie tissus de fils d'or et d'argent. Enfin l'orfèvre, le ciseleur, l'émailleur, le garnissaient de pierres précieuses, de perles, d'ivoires, de plaques niellées, émaillées, ou de plaques d'or et d'argent en relief, de fermoirs ; et il allait enrichir le trésor d'un prince.

----

(1) On exagère souvent la place que tenaient ces bibliothèques au moyen âge. Quelques armoires, on le voit, renfermaient les livres de Charles d'Orléans. Ceux du duc de Bourgogne, serrés dans des coffres, occupaient encore un moindre espace.

C'est avec de pareils volumes, sortis des librairies de Charles V, de Jean de Berry, des ducs de Bourgogne, d'Angoulême et d'Orléans, que se forma le noyau, singulièrement agrandi maintenant, du département des manuscrits de la bibliothèque nationale.

III

LA BIBLIOTHÈQUE DE CHARLES D'ORLÉANS.

Nous n'examinerons pas en détail les ouvrages qui composaient la précieuse bibliothèque des ducs d'Orléans. Cette étude a été faite à deux reprises, et chaque fois avec succès : en 1843, par M. Le Roux de Lincy, dans un article publié au tome V, 1re série, de la Bibliothèque de l'École des chartes, sous ce titre : *La Bibliothèque de Charles d'Orléans à son château de Blois, en 1427 ;* et tout récemment, en 1868, par M. Léopold Delisle, dans son beau volume sur le *Cabinet des manuscrits de la Bibliothèque impériale,* qui fait partie de la collection publiée sous les auspices du préfet de la Seine, sur l'histoire de Paris. Nous voulons seulement, grâce aux indications fournies par les travaux de ces deux érudits, et par nos recherches personnelles, tracer un rapide historique de cette bibliothèque.

Charles d'Orléans aurait menti à sa race s'il n'eût pas aimé les livres avec passion. Petit-fils de Charles V, fondateur de la librairie du Louvre, il descendait par sa mère, Valentine, de ces ducs de Milan, célèbres par leur goût éclairé pour les arts. Le duc Louis, son père, avait formé une bibliothèque déjà remarquable, qu'il avait splendidement installée dans son hôtel de la rue de la Poterne, à

Paris, ainsi que le témoignent plusieurs quittances des peintres employés à décorer sa librairie. Aucun catalogue n'en est resté ; mais on suppose qu'elle renfermait un grand nombre de livres, puisqu'en 1397 un orfévre lui fournit vingt paires de fermoirs en vermeil, et que la même année Guillaume de Villiers, relieur, couvre et garnit de fermoirs plus modestes soixante-deux volumes (1).

A la mort de Louis d'Orléans, traîtreusement assassiné en 1407, à l'instigation de son rival le duc de Bourgogne, son fils aîné Charles hérita de ses livres, auxquels il réunit, dans son château de Blois, quelques-uns de ceux qui appartenaient à sa mère, morte après une année de veuvage. Sa jeunesse d'un côté, et de l'autre l'activité incessante qu'il dut déployer, comme chef de parti, dans les guerres civiles auxquelles la France était livrée, font présumer qu'il songea peu, durant les premières années, à augmenter le trésor que lui avait légué son père. Il avait auparavant deux importants devoirs à remplir : diriger une maison dont, bien jeune encore, il était l'aîné ; et punir le meurtrier de son père.

Afin d'atteindre ce dernier but, il fit appel aux Anglais pour l'aider à tenir en échec la puissante maison de Bourgogne. Ce fut sa seule faute, inspirée par un dés'r de vengeance bien légitime ; mais il l'expia vite et cruellement. Trahi bientôt par les armes et par ses propres alliés, blessé grièvement et presque laissé pour mort à la terrible défaite d'Azincourt (1415), il est emmené prisonnier en Angleterre, à l'âge de vingt-quatre ans. Il ne devait retrouver ses livres que bien longtemps après. Mais tel est leur prestige aux yeux de ceux qu'enflamme une si douce pas-

____

(1) Le Roux de Lincy, *La Bibl. de Charles d'Orléans*, etc., pp. 10 et 40.

sion, que, s'ils suffisent à charmer toute une vie paisible,
ils ramènent aussi le calme et le bonheur dans les der-
nières années de l'existence la plus agitée. Pour le malheureux duc Charles, la vue de ses livres fut un baume
aux souffrances et aux amertumes de la captivité sur la
terre étrangère, et ses derniers jours s'écoulèrent tranquillement dans les doux soins d'une amitié qui n'est jamais trompeuse.

D'après ce qui a été dit plus haut, on peut regarder
l'inventaire de la librairie de Charles d'Orléans, dressé à
Blois en 1417, comme le catalogue de la bibliothèque de
son père, à quelques additions près. On y trouve l'énoncé
de 91 volumes ainsi répartis : Théologie, 23 ; droit, 2 ;
sciences, 11 ; histoire, 17 ; littérature, 38. En partant pour
l'Angleterre, Charles laissait la garde de ses livres à quelques serviteurs dévoués. Si donc l'inventaire rédigé en
1427, dont il est parlé plus loin, ne présente plus que
80 volumes au lieu des 91 catalogués en 1417, on peut
croire que le duc se fit apporter les 11 autres en Angleterre
par les officiers qui venaient souvent prendre ses ordres,
voyages dont il se rencontre de fréquentes mentions dans
Rymer. M. Delisle a retrouvé la preuve de l'envoi de deux
manuscrits seulement (1). En comparant entre eux ces
deux inventaires, on constate que 8 de ces 11 volumes
manquants, et probablement portés au duc, sont des ouvrages de littérature.

Un instant, cette bibliothèque réunie avec tant de soins
et à si grands frais fut sur le point d'être dispersée.
Charles ne pensait qu'à sortir de prison, et se croyait
toujours près de réussir s'il parvenait à payer sa rançon
et celle du duc d'Angoulême, son frère. Dans cette inten-

____

(1) *Cabinet des manuscrits de la Bibliothèque impériale,* p. 106.

tion, il envoya de Cantorbéry au sire de Mortemart, le 17 mars 1427, l'ordre de vendre ses chambres (1), ses tapisseries et ses livres (2). Cette détermination dut lui coûter beaucoup, et l'on peut supposer qu'il ne s'y arrêta pas longtemps. En effet, son projet ne fut pas mis à exécution ; et, de plus, nous le voyons cette même année envoyer commission à son trésorier, Jacques Boucher, pour racheter un de ses volumes, aux armes d'Orléans, et portant le nom du duc de Berry, son oncle. Ce manuscrit, après s'être trouvé on ne sait comment aux mains des Anglais, avait été reconquis par un Orléanais, le sieur de Guitry. La veuve de Louis de Trye, qui le possédait en dernier lieu, l'envoyait vendre à Orléans, et consentit à s'en défaire en faveur du duc Charles, moyennant une somme de neuf livres tournois (3).

Cependant les conquêtes des Anglais, à cette triste époque de notre histoire, s'étendaient rapidement au cœur même de la France. Gien et Beaugency leur appartenaient ; ils venaient de mettre le siége devant Montargis. Orléans bientôt serait le dernier rempart de la royauté. Sa prise, regardée comme prochaine, allait livrer aux ennemis le libre parcours de la Loire ; ils en auraient bien vite envahi toutes les places, Blois en particulier. Charles, craignant à juste titre pour sa bibliothèque les malheureux hasards d'une occupation étrangère, expédia d'Angleterre à Jean de Rochechouart, sire de Mortemart, son chambellan, et à Pierre Sauvaige, son secrétaire, l'ordre de transporter en lieu sûr

(1) Ce mot s'entendait généralement du lit et des tentures d'une chambre à coucher.

(2) Article de M. Douet d'Arcq, sur les comptes des ducs de Bourgogne, publiés par M. de LABORDE, *Bibl. de l'École des chartes*, 3e série, t. IV, p. 147. — L. DELISLE, *Cabinet des manuscrits*, p. 108.

(3) LE ROUX DE LINCY, pp. 8 et 47.

ses tapisseries et ses livres. Jean de Tuillières, lieutenant du gouverneur de Blois, en avait la garde. Il conserva momentanément les chartes bien empaquetées, comme plus faciles à préserver du pillage ; mais il procéda de suite, avec les commissaires, à un inventaire des livres qui leur furent délivrés, ainsi que le constate une décharge en date du 31 mai 1427 (1). Les manuscrits furent menés à Saumur, en l'hôtel du sire de Mortemart, où ils arrivèrent le 26 octobre 1428. Par surcroit de précautions, et pour les éloigner du dangereux voisinage de la Loire, Pierre Sauvaige les transporta au mois de février suivant jusqu'à La Rochelle. Ils y restèrent jusqu'en 1435. A cette date, Hue de Saint-Mars et Hugues Perrier (2), sous les ordres du duc, réintégrèrent à Blois le précieux dépôt, qui n'en devait plus sortir que pour aller augmenter la bibliothèque réunie au château de Fontainebleau par François Ier.

Au retour de leur captivité, Charles d'Orléans et Jean d'Angoulême rapportaient d'Angleterre environ soixante volumes qu'ils y avaient achetés, et dont quelques-uns provenaient de la collection enlevée à la tour du Louvre par le duc de Bedfort. Ces livres furent ajoutés à la bibliothèque de Blois (3). Depuis lors, les acquisitions du duc furent nombreuses ; car à sa mort, arrivée en 1465, il laissait environ 173 ouvrages. Le chiffre de l'inventaire dressé en 1427 était donc doublé au total, et doublé dans toutes les séries, excepté celle du droit, qui se compose des deux mêmes volumes. La théologie en compte 59,

(1) Cet inventaire, qui vient sûrement d'être anéanti dans l'incendie de la bibliothèque du Louvre, a été publié et annoté par M. LE ROUX DE LINCY, dans *la Bibl. de Charles d'Orléans, à son château de Blois, en 1427.*

(2) *Archives Joursanvault,* nᵒ 3,510.

(3) *Curiosités bibliographiques,* par L. LALANNE, p. 174.

l'histoire 35, les sciences 25, et la littérature 52 (1). Ce dernier chiffre est fort remarquable en ce que, même au XVe siècle, le fonds commun de toutes les bibliothèques se composait de livres de théologie, de philosophie, de scholastique, de rhétorique et de grammaire, auxquels on ajoutait quelques-unes des compilations si multipliées au moyen âge. Ici, au contraire, nous voyons apparaître les grands noms de Rome : Ovide, Horace, Virgile, Juvénal et Térence, Sénèque et Cicéron; des livres français, chose non moins rare; des romans de chevalerie; les recueils épistolaires de Sidoine, Yves de Chartres, Symmaque, Pierre de Blois; et enfin les œuvres de Pétrarque, Boccace, Froissart, Christine de Pisan. Point de littérature grecque ; il ne faut pas s'en étonner : son introduction en France est déterminée par la prise de Constantinople, et le XVIe siècle seulement pourra s'avancer avec ardeur dans la nouvelle voie qui s'ouvre aux érudits.

C'est dans l'étude attentive de pareils modèles que Charles d'Orléans sut acquérir les qualités qui révèlent en lui l'un des premiers, par ordre de dates, de nos bons poètes français. Un style naïf et concis qui rend vivement la pensée, des expressions choisies avec un goût exquis, un vers harmonieux, un rhythme bien cadencé, des images recherchées sans maniérisme, un tour élégant et varié, rompant avec la monotonie jusqu'alors en usage; tels sont, en peu de mots, les caractères distinctifs de ses poésies, qu'on lira toujours avec plaisir, et dont quelques pages sont empreintes du plus grand charme (2).

(1) D'après M. L. DELISLE, *Cabinet des manuscrits*, pp. 114-119.

(2) Pour l'étude de ces poésies, sur lesquelles nous ne saurions nous étendre davantage sans sortir de notre sujet, nous renverrons aux éditions publiées par MM. Guichard et Champollion, et aux ouvrages suivants : — Abbé SALLIER, *Mémoires de l'Académie des inscriptions*

Charles fixa sa résidence ordinaire au château de Blois ; mais l'administration de ses domaines entraînait pour lui de longs et fréquents séjours à Orléans. On comprend qu'en véritable bibliophile, désirant garder avec lui des trésors d'un si facile transport (1), le duc ait fait disposer une librairie au Châtelet d'Orléans.

Dans son amour des livres, il rencontra le même rival qu'en politique, le duc de Bourgogne ; mais la lecture des inventaires détaillés de leurs bibliothèques fait saisir bien vite les nuances de goût qui distinguent ces deux illustres amateurs. Le duc de Bourgogne, peut-être plus artiste que Charles, mais à coup sûr moins lettré, préférait dans les manuscrits les qualités extérieures : la finesse des peintures, le luxe de la reliure et des ornements. Quand on lui présentait un volume enrichi de pierreries, il l'achetait comme il eût fait d'un bijou, sans presque s'inquiéter du texte. Le duc d'Orléans, moins fastueux et aussi moins riche, se préoccupe exclusivement du choix des ouvrages ; et, s'il ne peut les acheter, les emprunte à leurs possesseurs, afin d'en prendre copie. Il les fait relier, pour ainsi dire, sous ses yeux, les orne de ses devises, de son bla-

et *belles-lettres,* t. XX, p. 360, et XXVII, p. 432. — Abbé Goujet, *Annales poétiques,* t. I. — Villemain, *Littérature au moyen âge.* — Sainte-Beuve, *Causeries du lundi.* — Champollion-Figeac, *Louis et Charles d'Orléans.* — *Études sur la vie et les poésies de Charles d'Orléans,* par C. Beaufils, docteur ès-lettres, 1861, etc.

(1) Les moyens de transport étaient des plus primitifs. En 1451, la Chambre des comptes d'Orléans, ayant besoin de différents papiers pour suivre plusieurs procès, les fit venir de Blois dans un tonneau relié et enfoncé à neuf. Ce procédé, d'un usage constant au XVe siècle, devait revivre à une époque plus agitée de notre histoire. Le conventionnel Grégoire rapporte, dans ses mémoires, que sous la Révolution, le district du Blanc s'imagina de loger dans des tonneaux toute la bibliothèque d'un émigré. — Voir sur le même sujet : *Le Cabinet des manuscrits,* par M. L. Delisle, I, p. 494, 499.

son, de son portrait, et y inscrit presque toujours son nom de sa propre main ; *ex libris* précieux, qui permet de distinguer facilement aujourd'hui les livres de sa bibliothèque. Par son ordre encore, on reproduit sur les tapisseries qui ornent ses appartements les principales scènes des romans de chevalerie qu'il préfère (1).

IV

INFLUENCE DE CHARLES D'ORLÉANS SUR LE PROGRÈS DES LETTRES ET DES ARTS DANS L'ORLÉANAIS.

Chaque homme dégage autour de lui une atmosphère qui reflète son caractère et ses tendances individuelles ; et le rayonnement s'en étend d'autant plus loin que la position qu'il occupe est plus élevée. Charles d'Orléans eut le privilége de voir ses goûts délicats partagés de tout son entourage. Cette heureuse influence se fait sentir non seulement sur les poëtes de son temps, Eustache Deschamps (2) et Villon en particulier, mais généralement aussi sur les principaux officiers de sa maison. Pendant les longues heures de sa captivité, il avait composé de charmantes poésies en français, et même en latin et en anglais.

(1) Nous avons vu plus haut qu'il y avait au Châtelet une chambre *de la tapisserie*. Celles du duc, comme ses livres, l'accompagnaient dans ses déplacements de Blois à Orléans. Pour la tenue des États de 1439, il en fit tendre les principaux appartements du Châtelet. Ces tapisseries étaient très-belles. M. de LABORDE (*Ducs de Bourgogne, preuves,* t. III) en donne l'inventaire.

(2) Ce poëte fit ses études à Orléans. — V. p. v de la notice biographique en tête de l'édition de ses *Poésies,* par G.-A. Crapelet, 1832.

Ce qui fut d'abord une distraction à ses infortunes, un délassement pour l'ennui, devint une douce habitude, presque un impérieux besoin. Il put s'y consacrer tranquillement après que l'abandon de ses rêves d'ambitieuse politique lui eut rendu une liberté souvent entrevue, et que sa muse saluait chaque fois de ses accents les plus vivement émus. On aime à se figurer le bon duc Charles présidant avec l'autorité du poète, non pas du prince, ces tournois littéraires où combattaient à armes courtoises les poètes grands seigneurs et les familiers de sa cour, formés à bonne école, et dont plusieurs ne se montrent pas indignes d'un pareil maître.

Il faut citer au premier rang Marie de Clèves, troisième femme de Charles, véritable trait d'union entre les maisons d'Orléans et de Bourgogne, qu'elle représentait dignement par ses hautes facultés intellectuelles et artistiques (1); le roi de Sicile, le comte d'Étampes, Charles de Lorraine, les comtes d'Alençon et de Nevers, parmi les plus nobles ; puis Jean Caillau, son médecin, qui demeurait à Orléans, Garencières, Robertet, Berthault de Villebresme, Jaquet d'Orléans, Thignonville, et enfin Hugues le Voys, Gilles des Ourmes, Guyot et Philippe Pot, Simonnet Caillau, la plupart Orléanais d'origine, ou devenus nos concitoyens par les fonctions qu'ils remplissaient dans notre ville. Toute cette aimable pléiade tenait au château de Blois la dernière des cours d'amour du moyen âge, la première académie des temps modernes.

Comme à l'égard de la poésie, le goût du prince pour les livres eut encore une heureuse influence sur son époque,

---

(1) Elle aimait aussi les livres et en avait quelques-uns dans sa bibliothèque particulière. En 1450, Palamède de Giresmes, écuyer, entreprend, par son ordre, le voyage d'Yèvre-le-Châtel à Corbeil, vers la reine, pour recouvrer de Progente de Meleun un livre nommé *Clariadus*. (*Arch. Joursanvault*, nᵒ 852. — LE ROUX DE LINCY, p. 48.)

et particulièrement dans la contrée où était sa résidence. Il était d'usage au XVe siècle que les membres de la famille royale s'offrissent des présents au renouvellement de l'année. Les comptes des maisons princières nous révèlent quelles sommes énormes se dépensaient à cette occasion. Les plus riches cadeaux s'échangeaient, tels que bijoux, émaux, tableaux, livres. Charles, qui peut être cité parmi les plus généreux (1), préférait les derniers. On relève dans ses dépenses plusieurs dons de manuscrits à la reine Marie d'Anjou, à sa sœur la comtesse d'Étampes, à son beau-frère Richard de Bretagne, à son frère naturel le Bâtard d'Orléans, qui avait une bibliothèque à Châteaudun (2), aux Célestins d'Ambert, à son médecin Jean Caillau. Celui-ci offrit de son côté plusieurs volumes à son auguste client, un entre autres qui avait primitivement appartenu à Thibaud d'Aussigny, archidiacre de Sologne, plus tard évêque d'Orléans (3). Charles constata sur le livre même, par une ligne de son écriture, qu'il l'avait reçu de son médecin. Jean de Saveuse, Pierre du Refuge, Jean le Fuzelier et Pierre Sauvaige, ses officiers, augmentèrent aussi la bibliothèque de leur maître par des présents qu'ils étaient toujours sûrs de voir parfaitement accueillis.

En même temps donc que le niveau intellectuel s'élevait, pour l'entourage du duc Charles, par ces tournois littéraires et ces échanges de volumes, le goût des arts s'y développait aussi dans une notable proportion. Les industries artistiques et de luxe prirent à Orléans et à Blois un vigoureux essor, qu'elles n'auraient jamais connu

(1) Le duc Jean de Berry l'était moins, car il se fit restituer par la succession de Louis d'Orléans plusieurs volumes qu'il avait offerts à ce prince.

(2) L. DELISLE, *Cabinet des manuscrits*, p. 111.

(3) Manuscrit latin 7,796 de la Bibliothèque nationale.

sans le séjour, au cœur de l'apanage, d'une cour nom-
breuse et polie, qui semait l'argent à pleines mains pour
satisfaire ses goûts relevés.

L'industrie des écrivains, libraires et relieurs, florissait
depuis longtemps à Orléans, ville lettrée, siége d'une cour
épiscopale, d'écoles renommées, et enfin d'une célèbre
Université des lois. Il suffit de parcourir dans nos archives
départementales les fonds de Sainte-Croix et de l'abbaye
de Voisins surtout, pour y admirer des chartes des XIIᵉ et
XIIIᵉ siècles, qui sont de véritables chefs-d'œuvre de calli-
graphie. On sait en outre que la confrérie des écrivains
d'Orléans, dont l'état était des plus prospères, s'engage,
dès 1266, envers l'évêque Robert de Courtenay, à bâtir
une chapelle dans le grand cimetière. La générosité des
confrères, encouragée par les successeurs de Robert sur
le siége épiscopal d'Orléans, leur permet plus tard non
seulement d'élever une chapelle dédiée à leurs patrons,
sainte Marie et saint Vrain, mais encore de construire
l'hospice ou l'aumône de Saint-Paterne (1).

Au XVᵉ siècle, sous l'administration de Charles d'Orléans,
on devait se montrer exigeant envers cette industrie, et
lui demander plus que de l'habileté, de l'art. Nous allons
en donner une preuve des plus concluantes. On lira, pen-
sons-nous, avec intérêt, les détails d'un mandement adressé
par les gens des comptes du duc au receveur du duché,
afin de faire payer à Robert Renoul, auditeur de ces
comptes, les dépenses convenues pour la confection d'un
livre destiné à être mis dans la Chambre des comptes et à
recevoir le serment des officiers (1).

<hr>

(1) Voir notre *Notice sur l'église et l'hospice de Saint-Paterne* (*Annales religieuses d'Orléans*, année 1862-1863).

(1) Le duc avait en outre acheté, pour l'usage de sa Chambre des
Comptes, un *Coutumier de Normandie*. (LE ROUX DE LINCY, p. 42.)

Qu'est devenu ce précieux volume, produit de l'art orléanais? Nous l'ignorons. Peut-être a-t-il été détruit, comme tant d'autres; ou bien, ignoré, comme tant d'autres encore, est-il enfoui dans le coin de quelque poudreuse bibliothèque. Dans ce dernier cas, le document que nous publions pourra lui servir de signalement, si, par hasard, il tombe sous les yeux de son possesseur :

« Les gens des comptes de Monseigneur le duc d'Orleans, au commis a la recepte dudit duchie, salut. Nous vous mandons que a maistre Robert Renoul, l'un des auditeurs desdiz comptes, vous baillez et delivrez la somme de soixante et treize solz parisis des deniers d'icelle recepte, de l'an fini a Saint-Jehan darrenier passe, laquelle il a afferme avoir paiee pour le parchemin, l'escripture en lettre de forme, enleumineure, reliage, couverture, un cruceffiz avec les personnaiges, d'un livre ordonne par monseigneur le chancellier et le conseil estre mis en ceste chambre pour recevoir les seremens des officiers, aux personnes, par les parties et pour les causes qui s'ensuivent. C'est assavoir, pour parchemin de veelin delivre par Colas Regnault, parcheminier, a maistre Jehan Perault, escripvain, qui le kalandrier, avec partie des quatre euvangiles, [a] escripz oudit livre ou mois de mars derrenier passe, ix s. par.. A Pierre de Saint-Anian, libraire, qui, lesdiz quatre euvangiles a parfaiz en escripture, tournees les grandes lettres desdiz kalandrier et euvangiles, et les lettres dominicales d'or, d'azur, d'autres couleurs et fleuries, lie ledit livre et couvert de cuir rouge marquete, et fourni de toutes estoffes, xxviij s. p.. A Estienne Le Normant, paintre, pour un cruceffiz, avec les deux personnaiges de Notre Dame et saint Jehan l'euvangeliste, par lui faiz et assis oudit livre, sur champ d'or et d'azur, xx s. p.. A Gilet Faget, orfevre, pour ung petit tissu de soye noir, garni d'un fermouer d'argent, pesant en argent xj estellins ou environ, a la devise de l'ortie, par lui livre et assis oudit livre, xiiij s. p.; et a Jehannette Damede, boursiere, pour ung tirant de soye par elle assis oudit fermouer, ij s. p.. Lesquelles parties font ladicte somme de lxxiij s. p., laquelle, par rapportant ces presentes, avec certifficacion dudit maistre Robert seulement faisant quittance, vous sera allouee en la despense de voz comptes sans contredit. Escript en la chambre desdiz comptes, a Orleans, le xx⁰ jour de septembre l'an mil cccc trente et ung. (*Signé*) FILLEUL (1). »

On aura remarqué dans le texte qui précède la mention d'un fermoir d'argent à la devise de l'ortie. C'est un des emblêmes favoris de Charles. Nous avons vu dans la description du Châtelet qu'il y avait une chambre des orties. Un des hérauts du duc se nommait Ortie. Le catalogue des archives de Joursanvault en contient d'autres mentions :

1411. Charles, duc d'Orléans, fait peindre par Olivier Colin trois mille neuf cents pannonceaux à la devise de l'ortie, pour l'armée qu'il envoyait contre le duc de Bourgogne. (N⁰ 3541.)

1414. Le duc d'Orléans fait payer à Jehan de Clarcy, brodeur, 450 livres tournois pour « broderies de robes à la devise de l'ortie, et de huques à racines de petits arbreceaux, lesquels estoient d'argent. » (N⁰ 627.)

Enfin, les quatre-vingt-neuf compagnons envoyés par la ville d'Orléans au secours de La Charité, en 1430, étaient habillés de huques de couleur bleue, sur lesquelles la ville avait fait coudre des croix blanches et des orties (2). N'oublions pas que le jour où Jeanne d'Arc fit lever le siége d'Orléans, la ville lui fit présent de robes garnies d'orties (3).

Tous les ouvriers ou, pour mieux dire, les artistes qui

---

(1) Original sur parchemin; fragment de cachet, plaqué en cire rouge, de Filleul ; un autre cachet manque. Au dos est le certificat de paiement par Renoul. Ce document est conservé aux archives départementales du Loiret.

(2) Mss. de l'abbé Dubois, à la bibliothèque d'Orléans.

(3) LOTTIN, *Recherches historiques,* I, p. 240.

figurent dans le document ci-dessus sont Orléanais. Leurs noms se rencontrent dans les comptes de ville de la même époque. Nous y ajoutons une liste de personnages dont l'industrie ou le talent furent sans doute mis à profit par le noble duc. Cette nomenclature, qui pourrait être plus étendue, atteste du moins que le goût des arts et de l'étude, affaibli peut-être par les conséquences d'une guerrre longue et désastreuse, n'avait pas complètement disparu dans notre ville, et tendait vite à se relever pour briller d'un certain éclat durant le XVIe et le XVIIe siècle.

L'un des copistes enlumineurs les plus fameux, à la fin du XIVe et au commencement du XVe siècle, est Raoul ou Raoulet, d'Orléans, qui transcrivit plusieurs manuscrits pour le roi Charles V et pour Louis d'Orléans. Charles l'employa peut-être dans sa jeunesse, comme il fit de maître Gieffroy de Pierrefons, clerc demeurant à Orléans, plus tard jacobin et prédicateur en vogue dans la même ville (1). Cet écrivain avait commencé, avec plusieurs autres, pour le roi Jean, une traduction française de la Bible, qui fut continuée en 1308 pour le duc Louis. Plusieurs personnes y travaillaient encore en 1410 pour le compte de Charles, entre lesquelles nous trouvons un bachelier en théologie nommé Guillaume Vivian, parent peut-être de celui qui introduisit l'imprimerie à Orléans (2).

Parmi les écrivains, nous citerons encore Jean Perault, Pierre Barbedor, Tassin Berthelin (3), Jean de Saint-Pierre,

---

(1) Voir les comptes de ville du XVe siècle.

(2) *Bibl. de l'École des chartes*, 3e série, t. IV, p. 142.

(3) Le manuscrit 257 de la Bibl. d'Orléans, contenant des œuvres de Virgile, fut écrit de sa main, en 1456. Ce manuscrit ne fournit aucune preuve que Tassin Berthelin fût Orléanais ; aussi le citons-nous sur l'autorité de M. Septier, rédacteur du catalogue, qui lut incorrectement : Tassin Bettelin. Nous devons ajouter cependant qu'il y avait un Tassin Berthelin, notaire à Orléans, en 1469.

tous les quatre Orléanais ; Yvonet de la Motte, Éliot Chevreul, Jean Fouqueré, en même temps relieur, écrivains à Blois.

Les libraires Orléanais, du même temps, s'appelaient : Jean Cousin, libraire de l'Université, Jean Moreau, Pierre de Saint-Aignan, Jean Barbedor.

Nous ne connaissons comme enlumineurs, outre Raoulet d'Orléans, cité plus haut, que Pierre de Saint-Aignan, déjà nommé, à Orléans, et Jean Moreau, à Blois. Ce Jean Moreau, enlumineur à Blois en 1455, est peut-être le même que Jean Moreau, libraire à Orléans en 1429. Les libraires, on le sait, exerçaient concurremment avec leur métier ceux d'écrivain, de relieur, d'enlumineur, qui s'y rattachaient d'une manière si directe ; Jean Fouqueré et Pierre de Saint-Aignan en fourniraient une preuve nouvelle. Jean Moreau aurait quitté Orléans pour aller habiter à Blois, où la cour ducale pouvait lui procurer une clientèle plus riche et mieux en état d'apprécier son talent.

Entre les peintres d'Orléans contemporains du duc Charles, et dont plusieurs travaillèrent sans doute à orner ses manuscrits, nous citerons : Étienne le Paintre, Étienne le Normant, Jean Pelerin, Mahiet Gauchier, Alain Corolleau, Jean Yrlan, et Pierre Panart ou Pamart.

V

PRÊT DE LIVRES FAIT AU DUC PAR L'UNIVERSITÉ D'ORLÉANS.

Nous avons dit que le duc Charles empruntait volontiers des manuscrits pour les faire copier. Un document, retrouvé dans le fonds de l'Université, aux archives départementales du Loiret, va nous fournir la preuve de cette assertion. C'est une cédule sur papier, signée du duc Charles, par laquelle il reconnaît, le 18 mars 1445 (v. s.), avoir emprunté de l'Université d'Orléans trois volumes, qu'il s'engage à lui restituer dans le délai d'une année, après qu'il les aura fait transcrire.

Voici la reproduction de cette pièce intéressante qui nous a été communiquée par M. Maupré, notre toujours obligeant collègue :

« Liber Francisci Petrarchæ, de viris illustribus, incipiens : *Romulus Romanorum regum primus*... cujus secundum folium incipit : *ruunt primique omnium*... penultimum sic exorditur : *gladium vagina vacuum in urbe non vidimus*... et ultimum incipiens : *finiendam tale vulnus*...

« Liber Johannis Bocacii, de casibus virorum illustrium, incipiens : *Exquirenti michi*... cujus secundum folium incipit : *incole cura soluti*... penultimum incipit... *nes potius quam Ethiopas*... et ultimum incipit : *fractisque viribus suis*... Non autem fit mencio de foliis tabularum seu cotacionis ipsius libri.

« Liber Joannis Bocacii, de mulieribus claris, incipiens in textu : *Pridie mulierum egregiam*... cujus secundum folium incipit : *liquido ex amplioribuz ystoriis*... penultimum sic incipit : *alias ludas feminas*... et ultimum sic orditur : *pectore et tandem erecto* (1)...

« Illustrissimo principi et domino nostro domino duci Aurelianensi, per Universitatem Aurelianensem, traditi fuerunt libri superius nominati atque designati, anno domini Mo CCCCmo XLmo quinto, die decima octava mensis marcii ; et quos libros idem dominus dux promisit universitati restituere intra annum postquam videlicet eosdem conscribi fecerit. (*Signature*) KAROLUS. »

Au dos est écrit :

____

(1) Dans la pièce, qui est en largeur, cette description des manuscrits est disposée sur trois colonnes en hauteur.

« Cedula de tribus libris precario traditis domino duci Aurelianensi. »

Nous avons eu la curiosité de chercher si le duc atteignit le but qu'il se proposait en empruntant ces trois manuscrits à l'Université d'Orléans. Voici, sur ce point, le résultat de nos investigations.

Ces trois volumes figurent dans le relevé fait par M. Léopold Delisle des livres ayant appartenu à Charles d'Orléans (1); et par un singulier hasard, ils se suivent immédiatement tous les trois dans la section de l'histoire. On peut donc en inférer que le duc les fit copier, suivant son intention nettement indiquée dans la cédule. Nous en avons, du reste, des preuves certaines pour deux de ces volumes.

Le premier cité dans le document, le *Livre des hommes illustres de Pétrarque,* fut transcrit en 1448 par Mourard, copiste du diocèse de Reims. Ce manuscrit porte la signature du prince au dernier feuillet, et ses armes en plusieurs endroits du volume. Il est aujourd'hui à la bibliothèque nationale (ms. lat., 6069, K) (2). M. A. Champollion-Figeac assure qu'il est écrit de la même main que le manuscrit des poésies de Charles déposé à la bibliothèque publique de Grenoble (3). Le duc fit traduire l'ouvrage de Pétrarque en français, car le compte de son argentier pour 1455-1456 mentionne la traduction française, par Bertrand Richard, d'un livre de Pétrarque. Nous voyons encore Jean Fouqueré, écrivain et relieur à Blois, prépa-

---

(1) *Cabinet des manuscrits,* p. 117. — Seulement M. Delisle attribue, par erreur, le livre *de Casibus* à Pétrarque ; petite erreur, car à la p. 106, il le donne bien à Boccace.

(2) *Id.,* p. 112.

(3) *Louis et Charles, ducs d'Orléans,* p. 390.

rer en 1455 le parchemin pour la transcription d'un Pétrarque, qu'il relie ensuite. A la même époque, Jean
Moreau enlumine, à Blois, un volume de Pétrarque (1).
Ces renseignements doivent tous concerner le même volume.

Le livre de Boccace, *De casibus virorum illustrium*,
existait déjà dans la librairie du duc. On lit, en effet, dans
l'inventaire de 1417 : « N° 24. Le livre de Bocace : *De
casibus*, etc., en latin, couvert de veloux noir. (M. le
chancelier l'a prins pour porter a Monseigneur en Angleterre.) — N° 25. Le livre de Bocace en francois, couvert
d'un drap de soye ouvre. » On peut donc croire que si le
duc d'Orléans empruntait ce volume de l'Université, c'était
simplement pour comparer les deux versions et restituer
le texte. En 1430, Philippe-le-Bon, duc de Bourgogne,
achetait un manuscrit du même ouvrage. Il était « couvert sur les aiz de velu vermeil, et sur les aiz a chascun
lez a cinq gros ballais a fermaux d'argent dorez et es-
mailleiez (2). »

Le troisième volume : *De mulieribus claris*, fut copié
par Mourard en 1448, comme le Pétrarque. Il est à la bibliothèque nationale (ms. lat., 6069, Q) (3). Ce dépôt contient aussi deux traductions du même ouvrage, sous les
cotes 7091 et S. Fr., 540-8. Ils sont décorés d'admirables
miniatures (4). Peut-être l'un de ceux-là est-il l'exemplaire
offert en 1403 au duc de Berry par Jean de la Barre (5).

(1) *Cabinet des manuscrits*, pp. 113 et 114.
(2) Bibliophile JACOB, *Curiosités de l'histoire des arts*, p. 169.
(3) *Cabinet des manuscrits*.
(4) A. CHAMPOLLION-FIGEAC, *Documents paléographiques relatifs à
l'histoire des beaux-arts et des belles-lettres en France pendant le
moyen âge*, p. 340.
(5) HIVER DE BEAUVOIR, *Librairie du duc Jean de Berry*, p. 177.

Le document ci-dessus publié administre la preuve que
l'Université d'Orléans avait des livres. C'était, d'ailleurs, un
fait incontestable, puisqu'on voit s'élever à cette époque,
ou à peu près, un bâtiment appelé la librairie de l'Université. On conçoit qu'elle devait réunir un certain nombre
de manuscrits reproduisant les textes et les commentaires
nécessaires à l'étude du droit civil et canonique. Ce ne
sont pourtant pas des livres de droit que l'Université prête
au duc d'Orléans, mais trois volumes d'histoire; nous di-
rions aujourd'hui de paralipomènes historiques. L'Université avait donc, dans sa librairie, non seulement des livres
de droit et de théologie, mais aussi des volumes de littérature et d'histoire en usage alors. Espérons que de nou-
velles découvertes feront connaître d'autres volumes, et que
peut-être on aura l'heureuse fortune de retrouver le catalogue de cette bibliothèque. Rien ne nous renseigne sur
la question de savoir si ces livres étaient enchaînés, comme
ceux de la librairie du chapitre de Sainte-Croix, et un peu
plus tard ceux de la bibliothèque particulière de la nation
germanique.

Ce prêt de manuscrits a une importance considérable
à une époque où ils ont une si grande valeur ; et l'histoire nous apprend que dans certains dépôts on ne les con-
fiait pas, même à des têtes couronnées, sans exiger de sé-
rieuses garanties de leur restitution (1). Ici, rien de pareil;
toute précaution est négligée : l'Université ne réclame de
l'emprunteur qu'une simple reconnaissance. La confiance
était grande des deux parts ; car les manuscrits, prêtés au
duc pour une année seulement, furent laissés bien plus
longtemps entre ses mains ; et Charles, de son côté, sans

<hr>

(1) Dulaure, *Singularités historiques*, p. 39. — Voir aussi Claude
Hemeré et G. Naudé, *Panégyrique de l'Eschole de Médecine de Paris*.
— L. Delisle, *Cabinet des manuscrits*, I, p. 75.

se préoccuper de l'expiration d'un délai strictement convenu, ne les fait transcrire que trois ans après, en 1448.

Quel était donc le motif de cette complaisance prolongée de l'Université envers le duc d'Orléans? On peut dire qu'elle suppose entre eux une préexistence d'excellents rapports, et manifeste, de la part de la première, une reconnaissance incontestable pour d'importants services rendus.

Les ducs d'Orléans, en effet, s'étaient toujours montrés favorables à l'accroissement des priviléges universitaires. On rencontre dans les états de dépenses du duc Louis de fréquentes mentions de pensions accordées à des étudiants orléanais pour suivre les cours de l'Université, et de cadeaux pour aider les licenciés pauvres à subir les épreuves du doctorat, et à « faire la fête » après leur réception. En souvenir de ces bienfaits, l'Université tout entière avait solennellement condamné, en 1414, la justification de l'assassinat de la rue Barbette, présentée par un de ses membres, le docteur Jean Petit. Pendant son séjour en France comme durant sa prison, par l'intermédiaire de ses officiers, le bon duc Charles avait continué les généreuses traditions paternelles à l'égard des étudiants de l'Université d'Orléans, ainsi que l'attestent les comptes de sa maison.

Faut-il conclure de ces excellentes relations entre l'Université et le duc, que Charles ait été le fondateur du monument appelé la Librairie de l'Université d'Orléans? Cette opinion a été émise à titre d'hypothèse par un de nos savants collègues, et appuyée de considérations tirées des événements relatifs aux années 1411 et 1440 (1). L'étude attentive des sources de notre histoire locale nous a fait

----

(1) *La salle des Thèses de l'Université d'Orléans*, par M. Boucher de Molandon. Orléans, Herluison, 1869, pp. 30 à 34.

rejeter cette hypothèse. Il serait trop long et hors de propos d'en déduire ici les raisons; elles trouveront leur place dans un travail consacré spécialement à la Librairie de l'Université d'Orléans, où l'on trouvera l'origine de la bibliothèque de notre Université et peut-être le nom du fondateur de de sa Librairie, monument appelé de nos jours la salle des Thèses.

De même que la librairie de l'Université, celle du Châtelet fut bientôt employée à d'autres usages, et reçut un nouveau nom. Sa première appellation tomba dans l'oubli, qui atteignit, du reste, toutes les œuvres de son fondateur. Elle a disparu avec le Châtelet, dans un but de véritable utilité publique, après la construction du nouveau pont, lors de la création des quais nécessaires pour en multiplier les débouchés. Espérons que la librairie de l'Université restera debout, quoiqu'elle soit aussi menacée par un projet de rectification d'alignement, dont la réalisation ne présente qu'un médiocre intérêt.

C'est seulement au siècle dernier, après un silence de trois cents ans, que l'abbé Sallier fixa l'attention de l'Académie des inscriptions et belles-lettres sur les poésies de Charles d'Orléans. Depuis lors, elles ont souvent été l'objet de critiques ou d'éloges également exagérés. Quant à Charles d'Orléans, son rôle politique, sa vie agitée, ses malheurs et ses vertus, le vigoureux essor qu'il imprima de son temps aux lettres et aux arts, en font une intéressante figure dont l'étude aurait dû tenter quelque plume exercée. On admire ses poésies, on connaît tous les livres de sa bibliothèque; mais son histoire attendra peut-être longtemps encore un écrivain véritablement digne d'elle.

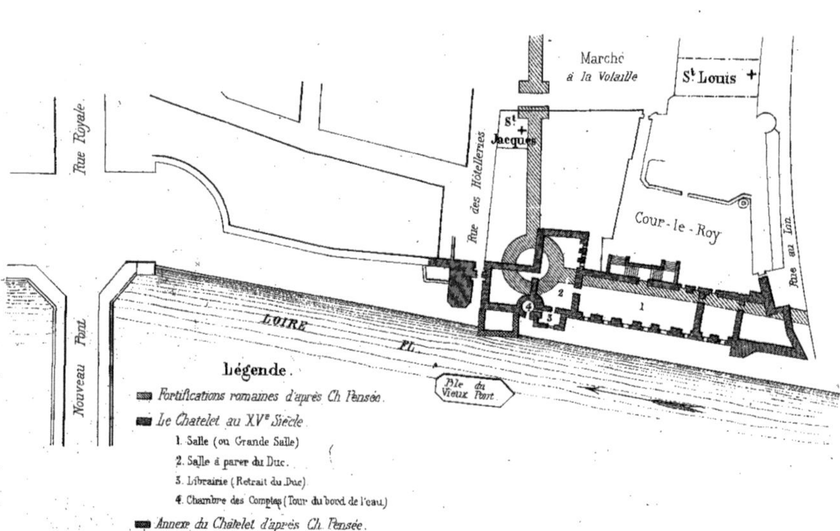

LE CHATELET D'ORLÉANS.
Plan de Normand. 1782. (Biblioth. d'Orléans)

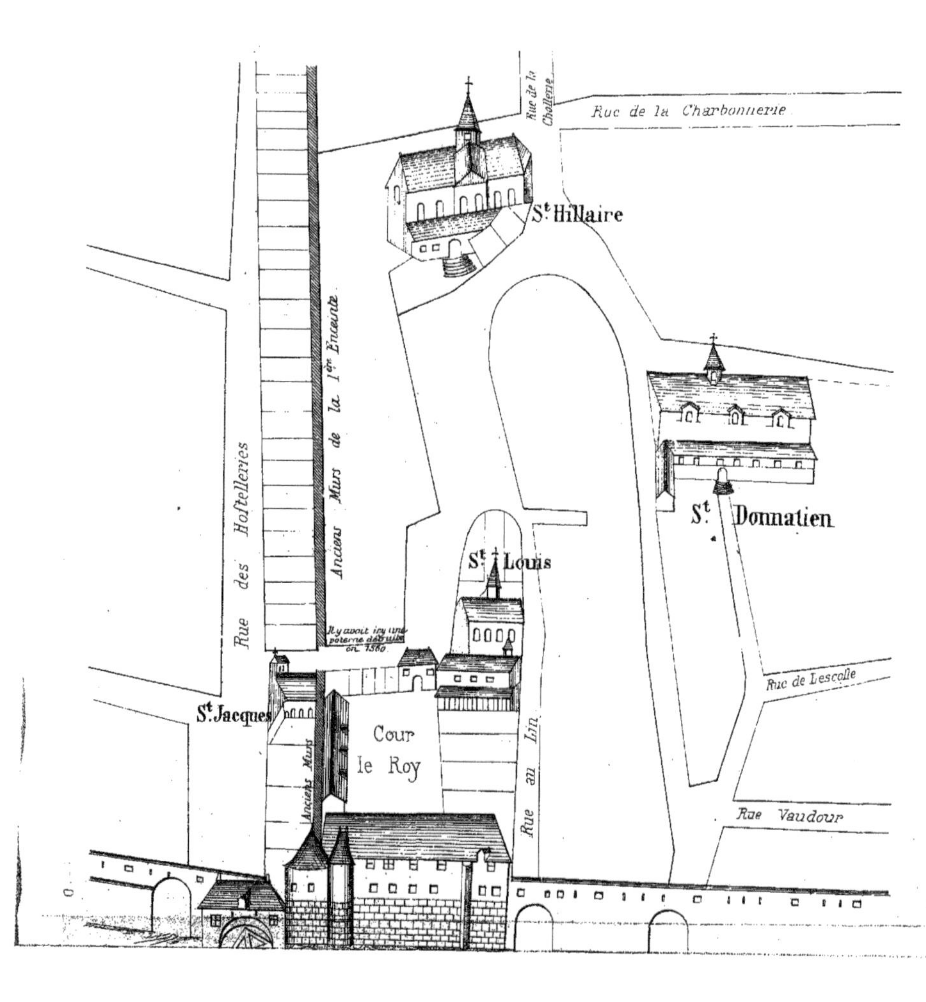

Rue de la Charbonnerie.
Rue de la Chollerie
St Hillaire
St Donnatien
Rue de la 1ère Enceinte
Anciens Murs de la 1ère Enceinte
Rue des Hostelleries
St Louis
Il y avoit icy une poterne destruite en 1560
St Jacques
Cour le Roy
Anciens Murs
Rue au Lin
Rue de Lescolle
Rue Vaudour

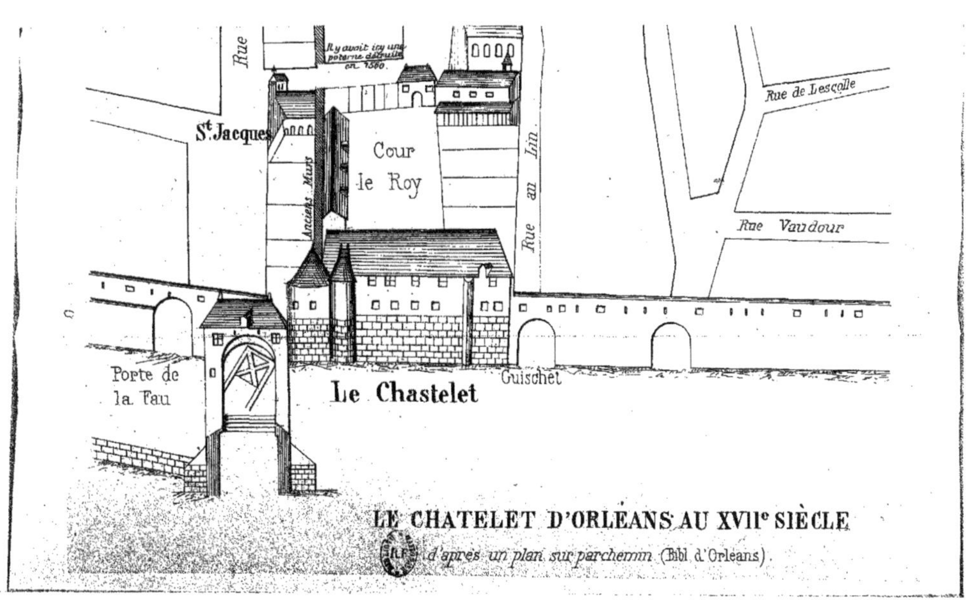

LE CHATELET D'ORLÉANS AU XVIIᵉ SIÈCLE
d'après un plan sur parchemin (Bibl. d'Orléans).